Bibliografische Information der Deutschen Nationalbibliothek:

Die Deutsche Bibliothek verzeichnet diese Publikation in der Deutschen National-
bibliografie; detaillierte bibliografische Daten sind im Internet über http://dnb.d-
nb.de/ abrufbar.

Impressum:

Copyright © 2008 GRIN Verlag, Open Publishing GmbH
Druck und Bindung: Books on Demand GmbH, Norderstedt Germany
ISBN: 9783640616114

Dieses Buch bei GRIN:

http://www.grin.com/de/e-book/150512/standortanalyse-informationen-zu-stand-
ortanalyse-fuer-unternehmen

Silke Falk

Standortanalyse. Informationen zu Standortanalyse für Unternehmen

GRIN Verlag

GRIN - Your knowledge has value

Der GRIN Verlag publiziert seit 1998 wissenschaftliche Arbeiten von Studenten, Hochschullehrern und anderen Akademikern als eBook und gedrucktes Buch. Die Verlagswebsite www.grin.com ist die ideale Plattform zur Veröffentlichung von Hausarbeiten, Abschlussarbeiten, wissenschaftlichen Aufsätzen, Dissertationen und Fachbüchern.

Besuchen Sie uns im Internet:

http://www.grin.com/

http://www.facebook.com/grincom

http://www.twitter.com/grin_com

Wissenschaftliche Arbeit

zum Thema

Standortanalyse

Vorgelegt:

von: Silke Falk

Studium: Betriebswirtschaftslehre

Fach: Wissenschaftliches Arbeiten

Datum: 2008-11-30

I. Inhaltsverzeichnis

1. Einleitung

Die Standortanalyse ist für jedes Unternehmen eine sehr interessante Frage. Ob in der Existenzgründung steckend oder bei einer Erweiterung der Unternehmung, mit neuer Filiale. Der Standort ist sehr entscheidend. Warum das so ist? Was ist ein Standort? Welcher Standort ist optimal? Und andere interessante Fragen über den Standort, wird in den folgenden Abschnitten theoretisch erklärt und an Beispielen berechnet.

2. Standortanalyse

2.1.   Definition Standort

Der Standort ist der geographische Ort an dem sich ein Unternehmen mit seinem Betrieb niederlässt.[1]

2.2.   Standortwahl

Die Standortwahl gliedert sich in zwei Aspekte auf.

~ Das Umfeld ist ein weiteres Gebiet, wie ein bestimmtes Land (Deutschland) oder eine bestimmte Region (Ostseeküste)
~ Der eigentliche Betriebsort ist das Grundstück mit den Betriebsräumen.

Der Betrieb sucht sich den Standort aus, der den größten wirtschaftlichen Nutzten bringt.

Es ist zum Beispiel zu überlegen ob es sinnvoll ist soviel Kunden wie möglich zu erreichen und dafür eine bestimmte Menge an Kosten für den Standort auszugeben (Maximalprinzip).

---

1 Vgl. Olfert, K.; Rahn, H.-J.; (Hrsg.) Olfert, K.; Lexikon der Betriebswirtschaftslehre; Nr. 864

Oder ob es Sinnvoller ist eine bestimmte Kundenanzahl für das Unternehmen zu werben und das mit den geringsten Kosten für den Standort zu erreichen (Minimalprinzip).

Die Standortwahl ist für ein Unternehmen sehr wichtig. Da es zum Beispiel bei Grundstückspreis, Gebäudemiete an fixen Kosten gespart werden kann. Die zentrale Lage und Kundennähe spielen aber auch für die Einnahmen des Unternehmens eine zentrale Rolle. Deshalb muss ein optimaler Standort für das jeweilige Unternehmen gefunden werden.

2.3. Standortfaktoren

Die Eigenschaften der entscheidenden Kriterien (Standortfaktoren) sind entscheidend für einen bestimmten Standort. Die Standortfaktoren beeinflussen den Standort positiv oder negativ. Dieses hilft bei der optimalen Standortsuche.

Die Standortfaktoren lassen sich an dem Ertrag und an den Kosten beurteilen. Zum Beispiel zählen zu den Ertragsvorteilen die räumliche Nähe zum Absatzmarkt (Kundennähe), die verkehrsgünstige Lage, schwache bis fehlende Konkurrenz und hohe Kaufkraft im Einzugsgebiet.
Zu den Kostenvorteilen zählen die kostengünstigen Betriebsräume (wie niedriger Grundstückspreis), das vorhanden sein von kostengünstigen und branchentypisch ausgebildeten Arbeitskräften, eine gute Infrastruktur (Gas-, Wasser-, Stromleitungen) sowie auch die verkehrsgünstige Lage. Diese und andere branchentypische Kriterien sollten klar nach unwichtig, wichtig und sehr wichtig gegliedert sein. Dieses zeigt folgende Abbildung.

Abbildung 1: Pyramide der Standortfaktoren an einem fiktiven Beispiel in der Gastronomie

unwichtig

Lieferantennähe

Förderprogramme

Verfügbarkeit von Arbeitskräften

Lebens- und Arbeitsbedingungen

Konkurrenzsituation

Staatliche Auflagen/Verordnungen

Verkehrslage

Standortkosten

Attraktivität der Grundstücke

Nachfragepotenzial

Nähe zu den Absatzmärkten

wichtig

Eigene Darstellung

Dabei sollte nicht vergessen werden, das einige Unternehmen an einem bestimmten Standort gebunden sind. Die Betriebe der Urproduktion können schlecht ihren Betriebsort frei wählen.

Zum Beispiel: Für ein Unternehmen, das mit der Erdölgewinnung an einem Ort ohne Erdölvorkommen eine Betriebsstätte erbaut, weil die Kosten dort günstiger sind. Das wäre für das Unternehmen mehr als leicht sinnig. Solche Kriterien werden in der Literatur als K.O.-Faktoren[2] bezeichnet.

Andere Betriebe die nicht an einem bestimmten Standort gebunden sind, können ihren Standort frei wählen und ihren optimalen Standort mit den entsprechenden Standortfaktoren suchen und finden. Dieses sollte sehr sorgfältig getan werden, da der Standort nicht so leicht zu wechseln ist. „Je größer die am gewählten Standort

---

[2] Vgl. Zdrowomyslaw, N; Von der Gründung zur Pleite; Seite 160

getätigten Investitionen sind, umso weniger flexibel kann [das Unternehmen] auf notwendige Standortveränderungen reagieren."[3]

2.4.   Methoden der Standortwahl

Es gibt verschiedene Methoden um den optimalen Standort zu finden. Die am häufigsten verwendete und in der Literatur angegebene, ist die Nutzwertanalyse.

Zuerst werden einige Grundsatzfragen geklärt und dann wird genauer auf die Kosten- und Ertragsvorteile eingegangen. Danach wird die Nutzwertanalyse an einem Beispiel erklärt.

2.4.1. Grundsatzfragen

Am Anfang einer Existenzgründung stellen sich einige Grundsatzfragen, wie zum Beispiel im Existenzgründungs-Kompendium von Maikranz, Frank C[4] definiert:

✓ „Ist die Nähe zum Kunden wichtig?"
Sucht die ausgewählte Zielgruppe ihr Leistungsangebot eher im Zentrum, am Rande einer Stadt oder im Gewerbegebiet?

✓ „Wie ist die Konkurrenzsituation?"
Sind bereits mehre, mit gleichem Leistungsangebot, am Standort oder ist die Anzahl eher gering? Sind eventuell andere „Magnetpunkte" in der Nähe damit Kunden auf ihrem Betrieb aufmerksam werden? Zum Beispiel: Eröffnung einer Bäckerfiliale in der Nähe vom Supermarkt, der Supermarkt wäre ein Magnetpunkt.

✓ „Wie wichtig ist die Verkehrssituation?"
Sind Parkmöglichkeiten für Kunden und Mitarbeiter notwendig bzw. bereits vorhanden? Sind für die Lieferanten Be- und Entladungsmöglichkeiten geschaffen?

---

[3] Pepels, W. (Hrsg.), ABWL, Seite 82
[4] Vgl. Maikranz, F. C.; Das Existenzgründungskompendium; Seite 24, 25

✓ „Wie ist die Energiesituation?"

Sind die benötigten Versorgungsleitungen bereits vorhanden oder dürfen sie geschaffen werden?

✓ „Gehen von Ihrem Betrieb Umweltbelastungen aus, oder gehen Sie mit gefährli-
chen Stoffen um?"

Wie trenne ich den Müll, an dem ausgewählten Standort? Welche Kosten kom-
men, für ordentliche Mülltrennung, auf mich zu?

✓ „Wie ist der Personalbedarf?"

Wie erreichen die Mitarbeiter den Standort? Gibt es genügend Arbeits- und Hilfs-
kräfte vor Ort? Sind genügend Wohnungen, in der Nähe, vorhanden? Gibt es
Freizeit- und Bildungsangebote?

✓ „Ist der Standort gewerbefreundlich?"

Sind eventuelle Zuschüsse vom Land oder Bund vorgesehen? Wie hoch ist die
Gewerbesteuer?

2.4.2. Kostenvorteile

Die Kostenvorteile legen nur Wert auf die Kosten, mit der Annahme dass alle anderen Faktoren an den Standorten gleich sind. Es wird nach dem Standort gesucht, der
die geringsten Kosten verursacht. Das folgende Beispiel zeigt so eine Betrachtung:

*Welchen Standort würden Sie vorschlagen, wenn folgende Faktoren zu berücksich-
tigen sind?*

Abbildung 2: Beispiel zur Standortanalyse

Es ist geplant, jährlich 20.000 Kunden zu bedienen. Für die Lieferung der frischen Waren werden jährlich mit folgenden Transportkosten in Kilometern a 1,80 € zu den einzelnen Standorten gerechnet:		
Standort	*A*	*B*	*C*
km	*21.000*	*25.000*	*30.000*

Für die Werbung der Gastronomie ist mit folgenden Beträgen je Standort zu rechnen. Die Kunden befinden sich in unterschiedlichen Regionen.

Standort	A	B	C
€/Monat	290	250	250

Für die Produktion sollen 5 Arbeitskräfte eingestellt werden, die wöchentliche Arbeitszeit beträgt 38 Stunden. Der Stundenlohn eines Arbeiters wird einschließlich Sozialkosten angenommen mit:

Standort	A	B	C
€/Stunde	8,60	9,00	8,50

Die Investitionskosten für das neue Gebäude und die Innenausstattung werden auf 570.000 € geschätzt, die zu 80% durch Darlehen finanziert werden sollen. Laufzeit: 10 Jahre. Der Zinssatz beträgt 6% p. a. Bei der Wahl des Standortes A kann ein staatlicher Zuschuss von 1% p. a. aus einem Förderprogramm für die gesamte Laufzeit beansprucht werden.

Die gewinnabhängigen Steuern betragen voraussichtlich jährlich für:

Standort	A	B	C
€	16.000,00	17.000,00	15.000,00

Wegen der starken Konkurrenz ist keine Preisdifferenzierung möglich. Sonstige Faktoren sind für alle Standorte gleich.

Eigene Darstellung

Die Berechnung erfolgt mit folgenden Formeln:

*Transportkosten   = €/Kilometer * Kilometer*

*Werbungskosten   = €/Mona * 12Monate*

*Montagekosten   = Arbeiteranzahl * Stunden/Woche * 52Wochen (pro Jahr)*

                * €/Stunde

$$Zinskosten = \frac{Kapital \times Zinssatz}{100} \quad (nur\ 80\%\ Darlehen \rightarrow 570.000€ \times 0,8 = Kapital)$$

Zur einfachen Darstellung folgt eine Tabelle mit Berechnungsansätzen und Lösungen:

Abbildung 3: Lösungstabelle der Standortwahl nach Kostenvorteilen:

Standort Kosten	A	B	C
Transportkosten a 1,80 €/km	21.000 km 37.800,00 €	25.000 km 45.000,00 €	30.000 km 54.000,00 €
Werbungskosten	290 €/Monat 3.480,00 €	250 €/Monat 3.000,00 €	250 €/Monat 3.000,00 €
Produktionskosten 5AN x 38h/w x 52w/Jahr	8,60 €/h 84.968,00 €	9,00 €/h 88.920,00 €	8,50 €/h 83.980,00 €
Zinskosten 570.000€ x 0,8	5% 22.800,00 €	6% 27.360,00 €	6% 27.360,00 €
Steuern	1.600,00 €	1.700,00 €	1.500,00 €
Summe der Kosten	**150.648,00 €**	**165.980,00 €**	**169.840,00 €**

Eigene Darstellung

Die Entscheidung fällt auf Standort A. Der Standort mit den günstigsten Kosten.

2.4.3. Erfolgsvorteile

Die Erfolgsvorteile sind die Kriterien die den Erfolg betrachten. Dieser sollte möglichst hoch sein. Die Berechnung erfolgt fast gleich, wie bei den Kostenvorteilen.

2.4.4. Nutzwertanalyse

In der Nutzwertanalyse werden sowohl Kostenvorteile als auch Erlösvorteile berücksichtig. Es werden den Standortfaktoren Gewichtungen vergeben. (vgl. Kapitel Standortfaktoren)

In dem nachfolgendem Beispiel sind die Gewichtungen von 1 bis 10 vergeben. Die 10 steht für besonders wichtig, 7 wichtig, 5 weniger wichtig und 1 unwichtig. Das bedeutet in diesem Fall, können noch Zwischenstufen gewählt werden.

Die Gewichtungen sind, in der Literatur, häufig in Prozent angegeben, dabei sollte darauf geachtet werden, dass die Summe der Gewichtungen immer 100% ergibt. Dieses ist im folgenden Beispiel nicht gegeben. [5]

Nach dem die Gewichtungen festgelegt sind, werden die jeweiligen Standorte nach den Standortfaktoren bewertet.

In dem nachfolgendem Beispiel gilt 5 für sehr gut, 4 steht für gut, die 3 für mittel, 2 für schlecht und die 1 für sehr schlecht.

Mit dieser Bewertung ist ersichtlich, wie gut bzw. schlecht ein Standort für die relevanten Standortfaktoren ist. Folgende Tabelle zeigt dies an einem Beispiel:

Abbildung 4: Teil der Nutzwertanalyse an einem Gastronomiebeispiel

Standortfaktoren	Gewichtung	Standort A		Standort B		Standort C	
		Bewertung	Punkte	Bewertung	Punkte	Bewertung	Punkte
Kundennähe	8	3		2		4	
Verkehrslage	9	3		4		1	
Kundenparkplätze	6	4		3		2	
Versorgung/Energie	2	3		4		4	
Fachkräfte	4	1		3		3	
Personalkosten	6	3		4		3	
Hochschulnähe	4	4		3		2	
Konkurrenz	10	3		1		2	
Gewerbemiete	6	2		1		4	
Kommunale Abgaben	7	3		3		4	
Materialversorgung	5	3		4		5	
Fördermittel	6	1		2		1	
Erweiterungs-möglichkeiten	7	3		1		4	

Vgl. Maikranz, F. C.; Das Existenzgründungskompendium und Zdrowomyslaw, N.; Von der Gründung zur Pleite

---

[5] Vgl. Zdrowomyslaw, N.; Von der Gründung zur Pleite; Seite 160

Nach dem die Gewichtung und die Bewertungen der einzelnen Standorte vorliegen, können diese Multipliziert werden. Diese Ergebnisse werden je Standort summiert. Mit den Summen der Punkte, je Standort, können die Standorte verglichen werden. Der Standort mit dem höchsten Wert, ist der optimale Standort.

Abbildung 5: Vollständige Nutzwertanalyse an einem Gastronomiebeispiel

Standortfaktoren	Gewichtung	Standort A		Standort B		Standort C	
		Bewertung	Punkte	Bewertung	Punkte	Bewertung	Punkte
Kundennähe	8	3	24	2	16	4	32
Verkehrslage	9	3	27	4	36	1	9
Kundenparkplätze	6	4	24	3	18	2	12
Versorgung/Energie	2	3	6	4	8	4	8
Fachkräfte	4	1	4	3	12	3	12
Personalkosten	6	3	18	4	24	3	18
Hochschulnähe	4	4	16	3	12	2	8
Konkurrenz	10	3	30	1	10	2	20
Gewerbemiete	6	2	12	1	6	4	24
Kommunale Abgaben	7	3	21	3	21	4	28
Materialversorgung	5	3	15	4	20	5	25
Fördermittel	6	1	6	2	12	1	6
Erweiterungs- möglichkeiten	7	3	21	1	7	4	28
Summe der Punkte			224		202		230
Rangstelle			2		3		1

Vgl. Maikranz, Frank C.; Das Existenzgründungskompendium und Zdrowomyslaw, Norbert; Von der Gründung zur Pleite

In diesem Beispiel ist der optimale Standort, Standort C.

In dem gewählten Beispiel wurde der Standort mit K-O-Faktoren (siehe Kapitel Standorffaktoren) nicht berücksichtigt.

3. Fazit

Nach einer genauen Analyse des Standortes sollte jeder Unternehmer in der Lage sein, seinen Gründungssitz schnell und einfach zu bestimmen. Auf die Manipulierbarkeit des Systems sei hingewiesen, da durch Punkteverteilung eines gewünschten Standortes, dieser als optimal dargestellt werden könnte. Eine objektive Beuteilung ist erwünschenswert und Voraussetzung für das Funktionieren der Standortanalyse.

II. Literaturverzeichnis

Maikranz, Frank C.; Das Existenzgründungskompendium; Die wichtigsten Regeln auf dem Weg in die Selbständigkeit; Berlin; 2002

Olfert, K.; Rahn, H.-J.; (Hrsg.) Olfert, K.; Lexikon der Betriebswirtschaftslehre; Auflage 5; Ludwigshafen; 1996

Zdrowomyslaw, Norbert; Von der Gründung zur Pleite; Unternehmens-Lebenszyklus und Management der Unternehmensentwicklung; 2005

III. Abbildungsverzeichnis

BEI GRIN MACHT SICH IHR WISSEN BEZAHLT

- Wir veröffentlichen Ihre Hausarbeit,
  Bachelor- und Masterarbeit

- Ihr eigenes eBook und Buch -
  weltweit in allen wichtigen Shops

- Verdienen Sie an jedem Verkauf

Jetzt bei www.GRIN.com hochladen
und kostenlos publizieren